Wigo Müller

Die Kosten im Erbrecht nach dem am 01.08.2013 in Kraft getretenen GNotKG

GRIN Verlag

Bibliografische Information der Deutschen Nationalbibliothek:

Die Deutsche Bibliothek verzeichnet diese Publikation in der Deutschen National-
bibliografie; detaillierte bibliografische Daten sind im Internet über http://dnb.d-
nb.de/ abrufbar.

Impressum:

Copyright © 2015 GRIN Verlag GmbH
Druck und Bindung: Books on Demand GmbH, Norderstedt Germany
ISBN: 978-3-656-95480-4

Dieses Buch bei GRIN:

http://www.grin.com/de/e-book/299125/die-kosten-im-erbrecht-nach-dem-am-01-
08-2013-in-kraft-getretenen-gnotkg

GRIN - Your knowledge has value

Der GRIN Verlag publiziert seit 1998 wissenschaftliche Arbeiten von Studenten, Hochschullehrern und anderen Akademikern als eBook und gedrucktes Buch. Die Verlagswebsite www.grin.com ist die ideale Plattform zur Veröffentlichung von Hausarbeiten, Abschlussarbeiten, wissenschaftlichen Aufsätzen, Dissertationen und Fachbüchern.

Die Kosten im Erbrecht

nach dem am 01.08.2013 in Kraft getretenen GNotKG (BGBl 2013, 2586)
[Stand März 2015]

Dr. jur. Wigo Müller, Braunfels - Lahn
ArbG - Direktor a. D.

Inhaltsverzeichnis

I Die beim NachlG und beim Grundbuchamt anfallenden Kosten

Das am 01.08.2013 in Kraft getretene GNotKG (BGBl 2013, 2586) hat die KostO von 1936 abgelöst und die Gerichts- und Notarkosten auf dem Gebiet der freiwilligen Gerichtsbarkeit neu geregelt. Die Kostentatbestände sind künftig den Nummern eines besonderen Kostenverzeichnisses (= KV) zu entnehmen. Die zu entrichtenden Gerichtskosten sehen neben den sich nach dem Geschäftswert richtenden Gebühren auch Festgebühren vor.

1) Das Kostenverzeichnis (KV-GNotKG)

Für die alphabetisch geordneten Geschäfte werden folgende Gebühren erhoben:

Geschäfte der freiwilligen Gerichtsbarkeit			

Stichwort	Art des Geschäfts	KV-Nr	Gebühr
Akteneinsicht	kostenfrei		
Aktenversendung	für Hin- und Rücksendung	31003	12 Euro
Aufgebot der Nachlassgläubiger	Verfahren Forderungsanmeldung gem. § 2061 BGB	15212 12410	0.5 15 Euro
Eid, Eidesstattliche Versicherung	Verfahren zur Abnahme des Eides und der Eidesstattlichen Versicherung	23300	1.0
Erbausschlagung	Gebühr nur für die Beurkundung; für die Entgegennahme wird keine Gebühr (mehr) erhoben	21201	0.5 mind 30 Euro
Erbschein	Verfahren über den Antrag auf Erteilung eines Erbscheins Einziehung oder Kraftloserklärung des Erbscheins	12210 12215	1.0 05. bis 400 Euro
Erbvertrag	Anfechtung eines Erbvertrags Annahme des Erbvertrags in amtliche Verwahrung Eröffnung eines Erbvertrags	12410 12100 12101	15 Euro 75 Euro 100 Euro
Ergänzungspfleger	*Die Kosten richten sich nach dem FamGKG*	*1310*	*0.5*
Fiskuserbrecht	Feststellung: gem. § 2 GNotKG kostenfrei	-	-
Genehmigung FamG	*Die Kosten richten sich nach dem FamGKG*	*1310*	*0.5*
Grundbuch	Eintragung auf Antrag Eintragung von Amtswegen gem. § 82a GBO	14110 14111	1.0 2.0
Nachlass	Sicherung des Nachlasses	12310	0.5
Nachlassinventar	Entgegennahme eines Nachlassinventars Verfahren über - Fristbestimmung §§ 2151, 2153-2155, 2192, 2193 BGB - Bestimmung einer Inventarfrist - Bestimmung einer neuen Inventarfrist - Verlängerung der Inventarfrist Verfahren zur Aufnahme eines Nachlassinventars einschl. der Entgegennahme von Erklärungen und Anzeigen, wenn das Verfahren mit der Übertragung auf einen Notar endet	12410 12411 12411 12411 12411 12412	15 Euro 25 Euro 25 Euro 25 Euro 25 Euro 40 Euro
Nachlasspflegschaft	Verfahren im allgemeinen	12310	0.5

3

	- Jahresgebühr für jedes Kalenderjahr einer Nachlasspflegschaft	12311	10 Euro je 5.000 mind 200 Euro
	- einzelne Rechtshandlungen	12312	0.5 bis 12311
Nachlassverwaltung	wie Nachlasspflegschaft		
Pflichtteil	Eidesstattliche Versicherung gem. §§ 2006, 2314 BGB Stundung des Pflichtteilsanspruchs	15212 12520	0.5 2.0
Testament	Annahme eines Testaments in amtliche Verwahrung. Eröffnung eines Testaments	12100 12101	75 Euro 100 Euro
Testamentsvoll- streckung (TV)	Entgegennahme von Erklärungen und Anzeigen Bestimmung des Testamentsvollstreckers (TV) Annahme oder Ablehnung des Amts des TV Kündigung des Amts des TV Antrag auf Erteilung eines TV-Zeugnisses Kraftloserklärung eines TV-Zeugnisses Fristbestimmung, die Testamentsvollstreckung betrifft Verfahren über Ernennung oder Entlassung des TV	12410 12210 12215 12411 12420	15 Euro 15 Euro 15 Euro 1.0 0.5 bis 400 Euro 25 Euro 0.5
Umsatzsteuer	fällt für Gerichtskosten und Auslagen nicht an		
Vernehmung	von Zeugen und Sachverständigen	23302	1.0
Zustellung		31002	3.50 Euro

4

2) Die Gebührentabelle

Das GNotKG enthält zwei Gebührentabellen: die Tabelle A und die Tabelle B. In den Bereichen Nachlass und Grundbuch richten sich die Gerichts- und Notarkosten ausschließlich nach der Tabelle B, deren Sätze im Vergleich zum GKG und dem RVG „günstiger" sind, damit die vorsorgende Rechtspflege erschwinglich bleibt. Die für streitige Rechtsstreitigkeiten geltende Tabelle A soll durch höhere Gebühren zur Kostendeckung der Justizhaushalte beitragen.

Gebührentabelle
(Anlage 2 zu § 34 III GNotKG: BGBl 2013, 2586)

Wert bis	Geb. Tab. A	Geb. Tab. B	Wert bis	Geb. Tab. A	Geb. Tab. B	Wert bis	Geb. Tab. A	Geb. Tab. B
500	35	15	200.000	1.746	435	1.555.000	7.316	2.615
1.000	53	19	230.000	1.925	485	1.600.000	7.496	2.695
1.500	71	23	260.000	2.104	535	1.650.000	7.676	2.775
2.000	89	27	290.000	2.283	585	1.700.000	7.856	2.855
3.000	108	33	320.000	2.462	635	1.750.000	8.036	2.935
4.000	127	39	350.000	2.641	685	1.800.000	8.216	3.015
5.000	146	45	380.000	2.820	735	1.850.000	8.396	3.095
6.000	165	51	410.000	2.999	785	1.900.000	8.576	3.175
7.000	184	57	440.000	3.178	835	1.950.000	8.756	3.255
8.000	203	63	470.000	3.357	885	2.000.000	8.936	3.335
9.000	222	69	500.000	3.536	935	2.050.000	9.116	3.415
10.000	241	75	550.000	3.716	1.015	2.100.000	9.296	3.495
13.000	267	83	600.000	3.896	1.095	2.150.000	9.476	3.575
16.000	293	91	650.000	4.076	1.175	2.200.000	9.656	3.655
19.000	319	99	700.000	4.256	1.255	2.250.000	9.836	3.735
22.000	345	107	750.000	4.436	1.335	2.300.000	10.016	3.815
25.000	371	115	800.000	4.616	1.415	2.350.000	10.196	3.895
30.000	406	125	850.000	4.796	1.495	2.400.000	10.376	3.975
35.000	441	135	900.000	4.976	1.575	2.450.000	10.556	4.055
40.000	476	145	950.000	5.156	1.655	2.500.000	10.736	4.135
45.000	511	155	1.000.000	5.336	1.735	2.550.000	10.916	4.215
50.000	546	165	1.050.000	5.516	1.815	2.600.000	11.096	4.295
65.000	666	192	1.100.000	5.696	1.895	2.650.000	11.276	4.375
80.000	786	219	1.150.000	5.876	1.975	2.700.000	11.456	4.455
95.000	906	246	1.200.000	6.056	2.055	2.750.000	11.636	4.535
110.000	1.026	273	1.250.000	6.236	2.135	2.800.000	11.816	4.615
125.000	1.146	300	1.300.000	6.416	2.215	2.850.000	11.996	4.695
140.000	1.266	327	1.350.000	6.596	2.295	2.900.000	12.176	4.775
155.000	1.386	354	1.400.000	6.776	2.375	2.950.000	12.356	4.855
170.000	1.506	381	1.450.000	6.956	2.455	3.000.000	12.536	4.935
185.000	1.626	408	1.500.000	7.136	2.535			

Neben den Gerichtsgebühren werden die Auslagen des Gerichts für Zustellungen und die nach dem JVEG an Zeugen und Sachverständige gezahlten Entschädigungen erhoben. Zur Beauftragung eines Sachverständigen kann es z Bsp. dann kommen, wenn ein am Erbscheinverfahren Beteiligter die Testierfähigkeit des Erblassers bestreitet.

3) Der Geschäftswert

Gem. § 3 GNotKG richtet sich der (im Zivilprozess Streitwert genannte) Geschäftswert grundsätzlich nach dem Wert, den der Gegenstand des Verfahrens oder des Geschäfts hat. In demselben Verfahren werden die Werte mehrerer Verfahrensgegen-stände gem. § 35 GNotKG zusammengerechnet. Soweit in einer vermögensrechtlich-en Angelegenheit der Geschäftswert nicht feststeht, wird er gem. § 36 I GNotKG nach billigem Ermessen bestimmt. Wenn sich der Wert in einer nicht vermögensrechtlichen Angelegenheit nicht aus dem GNotKG ergibt, ist er gem. § 36 II GNotKG unter Berücksichtigung aller Umstände des Einzelfalles, insbesondere des Umfangs und der Bedeutung der Sache und der Vermögens- und Einkommensverhältnisse der Beteiligten nach billigem Ermessen zu bestimmen; er darf jedoch 1 Million Euro nicht übersteigen. Wenn nach § 36 I, II GNotKG keine genügenden Anhaltspunkte für die Bestimmung des Wertes bestehen, ist gem. § 36 III GNotKG von einem Geschäftswert von 5.000 Euro auszugehen (= Auffang- oder Regelwert). Auf einer Sache oder auf einem Recht lastende Verbindlichkeiten, werden gem. § 38 GNotKG bei der Ermittlung des Geschäftswertes nicht abgezogen; dies gilt auch für die Verbindlichkeiten eines Nachlasses.
Ein Antragsteller soll gem. § 77 GNotKG bei jedem Antrag den Geschäftswert angeben, der für das NachlG nicht bindend ist. Gem. § 46 IV GNotKG findet keine Beweis -aufnahme zur Feststellung des Verkehrswerts statt, doch können Auskünfte, z. Bsp. beim Finanzamt oder einer Gemeinde, eingeholt werden. Vom Kostenbeamten dürfen weder Gutachten eingeholt, noch Zeugen und Sachverständige befragt werden. Wenn es gem. § 79 GNotKG zur gerichtlichen Festsetzung des Geschäftswerts durch Beschluss kommt, kann das NachlG das Gutachten eines Sachverständigen ein -holen - mit Kostenfolgen für den erfolglosen Beteiligten (§ 80 GNotKG) (Zimmer-mann, GNotKG, RNr. 185).

4) Übersicht wichtiger Geschäfte

Aktenversendung
Wenn der Rechtsanwalt oder Notar die Akten bei Gericht abholt, in seinem Büro liest und wieder zum Gericht zurückbringt, fallen weder Gebühren noch Auslagen an (LG Göttingen, 5(6) S 405/94, NJW-RR 1996, 190).

Aufgebot der Nachlassgläubiger
Aufgebotssachen sind gem. § 433 FamFG Verfahren, in denen das Gericht öffentlich zur Anmeldung von Ansprüchen oder Rechten auffordert, mit der Wirkung, dass die unterlassene Anmeldung einen Rechtsnachteil zur Folge hat. Die Kosten des Aufgebots der Nachlassgläubiger fallen gem. § 2061 BGB dem Erben zur Last, der die Aufforderung erlässt - wenn das Aufgebot von einem anderen be-antragt wird, diesem. Der Gegenstandswert beträgt 15 % aller bekannt gewordenen Verbindlichkeiten, bei einem überschuldeten Nachlass nur 5 % (OLG Hamm, I-15 W 129/12, ZEV 2013, 263). Die für die Anmeldung der Forderung gem. Nr. 12410 KV-GNotKG entstehende Gebühr von 15 Euro kann der Gläubiger sparen, indem er seine Forderung unmittelbar beim auffordernden Miterben anmeldet.

Schrifttum:
Hagen Schneider, Kosten in Aufgebotssachen, Anwaltsgebühren Spezial, 2010, 521

Eid, Eidesstattliche Versicherung
Bei der Abnahme der eidesstattlichen Versicherung zur Erlangung eines Erbscheins ist gem. § 40 I GNotKG der Geschäftswert der Wert des Nachlasses im Zeitpunkt des Erbfalls; davon werden die vom Erblasser stammenden Verbindlichkeiten abgezogen. Nach der Vorbem. 2.3.3 VV-GNotKG entsteht die Gebühr nur, wenn das Verfahren oder Geschäft nicht Teil eines anderes ist. Wenn mit der Niederschrift über die Abnahme der eidesstattlichen Versicherung zugleich ein Antrag an das NachlG beurkundet wird, wird mit der Gebühr Nr. 23300 KV-GNotKG auch das Beurkundungsverfahren abgegolten.

Hinweis:
Gem. Art 239 EGBGB n.F. können die Bundesländer die Beurkundung der Eidesstattlichen Versicherung im Erbscheinsverfahren den Notaren zuweisen. Davon hat bisher noch kein Land Gebrauch gemacht.

Erbausschlagung
Die Kosten für die Beurkundung der Erbausschlagung sowie der Anfechtung der Erbausschlagung werden gem. § 18 II GNotKG von dem nach § 343 FamFG zuständigen NachlG erhoben, wenn die Beurkundung bei einem anderen Gericht stattgefunden hat. Wenn mehrere, nebeneinander oder nach-einander berufene Erben die Erbschaft gemeinsam ausschlagen, ist dies kostenbegünstigt.

Erbschein
Ein Erbschein kann unmittelbar beim NachlG beantragt werden, das eine Verfahrensgebühr und eine Gebühr für die Eidesstattliche Versicherung erhebt; Umsatzsteuer fällt dort im Gegensatz zu einem beim Notar gestellten Erbscheinsantrag nicht an.
Für das Verfahren über den Antrag eines Erbscheins wird gem. Nr. 12210 KV-GNotKG eine (1.0) Gebühr erhoben. Eine weitere (1.0) Gebühr fällt gem. Nr. 23300 KV-GNotKG für die in § 2356 II BGB geforderte Eidesstattliche Versicherung an, nach der ein Antragsteller an Eidesstatt zu versichern hat, dass ihm nichts bekannt ist, was der Richtigkeit seiner Angaben entgegensteht.

Hinweis:
Das NachlG kann die Versicherung gem. § 2356 BGB erlassen, wenn es sie nicht für erforderlich erachtet. Davon wird in der Praxis leider nur selten Gebrauch gemacht. Vgl dazu mein bei www.jusmeum.de veröffentlichter Aufsatz: Kann im Erbscheinsverfahren auf die Eidesstattliche Versicherung verzichtet werden ?

Bei der Erteilung eines Erbscheins sowie bei dessen Einziehung oder Kraftloserklärung ist gem. § 40 I GNotKG der Geschäftswert der Wert des Nachlasses im Zeitpunkt des Erbfalls; davon werden die vom Erblasser stammenden Verbindlichkeiten abgezogen. Anders als nach § 107 II KostO, der den Abzug sämtlicher Nachlassverbindlichkeiten vorsah, können die sogen. Erbfallkosten nicht mehr abgezogen werden; dies sind die Kosten der Bestattung (OLG Köln, 2 Wx 92/14, ZEV 2014, 608), Pflichtteilsansprüche, Vermächtnisse und der schuldrechtliche Zugewinnausgleich nach § 1371 BGB. Wenn ein Miterbe nur einen Teilerbschein beantragt, bestimmt sich der Geschäftswert gem. § 40 II GNotKG nach dem Anteil dieses Miterben. Auch im Beschwerdeverfahren richtet sich der Geschäftswert nach dem Wert des Nachlasses im Zeitpunkt des Erbfalls (OLG Schleswig, 3 Wx 104/13, ZEV 2015, 65). Bei einer Überschuldung des Nachlasses kann als Gerichtsgebühr nur die Mindestgebühr nach § 34 V GNotKG angenommen werden, also 15 Euro (OLG Schleswig, 3 Wx 15/14, ZEV 2014, 570).

Schrifttum:
Schneider, Gegenstandswert im Erbscheinverfahren, ErbR 2014, 431

Hinweis:
Wenn ein Erbschein aus Anlaß der Beantragung, Erbringung oder der Erstattung einer Sozialleistung benötigt wird, ist er gem. § 64 I SGB XII kostenfrei. Den nach § 107 III KostO kostenbegünstigten Erbschein für Grundbuchzwecke hat das GNotKG nicht übernommen (vgl NJW-Spezial 2014, 616).

Erbvertrag

Bei der Annahme eines Erbvertrags in besondere amtliche Verwahrung werden mit der Gebühr die Verwahrung, die Mitteilung an das zentrale Testamentsregister (§ 347 FamFG) und die Herausgabe abgegolten. Die Kosten für die Eröffnung von Verfügungen von Todeswegen werden gem. § 18 II GNotKG auch dann von dem nach § 343 FamFG zuständigen NachlG erhoben, wenn die Eröffnung bei einem anderen Gericht erfolgt ist (§ 344 VI FamFG).

Ergänzungspfleger

Für die Bestellung eines Ergänzungspflegers steht dem FamG gem. VV 1310 FamGKG eine 0.5-Gebühr zu, die mit der Tabelle I des GNotKG übereinstimmt. Die Gebühr ist gem. Vorbem. 1.3.1 II VV FamGKG gegen den Minderjährigen festzusetzen. Der Geschäftswert entspricht dem Anteil des Minderjährigen am Nachlass. Die Kosten werden gem. Vorbem 1.3.1 VV FamGKG nur erhoben, wenn das Vermögen des Minderjährigen nach Abzug der Verbindlichkeiten mehr als 25.000 Euro beträgt. Dabei wird das in § 90 II Nr. 8 SGB XII genannte Vermögen (= selbst genutztes Hausgrundstück) nicht mitgerechnet.

Gem. § 1836 I BGB wird das Amt des Ergänzungspflegers grundsätzlich unentgeltlich ausgeführt; für das Ehrenamt wird gem. § 1835a BGB eine Aufwandsentschädigung gewährt. Gem. § 1835 II BGB gelten auch solche Dienste als Aufwand, die zum Beruf des Ergänzungspflegers gehören. Die Ergänzungspflegschaft wird auch nur dann entgeltlich nach dem VBVG geführt, wenn das FamG gem. § 1836 I BGB bei der Bestellung feststellt, dass der Ergänzungspfleger die Vormundschaft berufsmäßig führt. Ein als Ergänzungspfleger bestimmter RA kann seine Tätigkeit nach dem RVG abrechnen, wenn und soweit die zu bewältigende Aufgabe als eine für seinen Beruf spezifische Tätigkeit darstellt; der Aufwendungsersatzanspruch des Ergänzungspflegers einen mittellosen Pfleglings ist auf die Gebührensätze der Beratungshilfe (BGBl 2013, 3533) beschränkt (BGH, XII ZB 57/13, NJW 2014, 865).

Fiskuserbrecht

Der Fiskus haftet als gesetzlicher Erbe weder für die Kosten des öffentlichen Aufgebots (BayObLG, 1b Z 35/69, Rechtspfleger 1970, 181) noch für die Kosten des Verfahrens beim NachlG. Der bis 31.07. 2013 geltende § 110 KostO ist nicht in das GNotKG übernommen worden. Auch wenn der Fiskus beim NachlG einen Erbschein beantragt (den er z Bsp. zur Verfügung über die Bankkonten des Erblassers oder für die Eintragung im Grundbuch als Eigentümer eines Grundstücks des Erblassers benötigt) entstehen ihm dafür gem. § 2 GNotKG keine Gebühren.

Genehmigung FamG

Zum Schutz von Minderjährigen hat der Gesetzgeber wichtige Rechtsgeschäfte, insbesondere die Veräußerung eines zum Nachlass gehörenden Grundstücks, gem. §§ 1643, 1821 BGB von der Genehmigung des FamG abhängig gemacht. Für die Kosten der Genehmigung oder Ablehnung gelten die zum Ergänzungspfleger gemachten Angaben entsprechend; dh auch hier werden Kosten nur erhoben, wenn das Vermögen des Minderjährigen nach Abzug der Verbindlichkeiten mehr als 25.000 Euro beträgt. Dabei wird das in § 90 II Nr. 8 SGB XII genannte Vermögen (= selbst genutztes Haus-grundstück) nicht mitgerechnet.

Grundbuch

Mit dem Tod des Eigentümers eines Grundstücks ist das Grundbuch unrichtig geworden, weil seine Erben gem. § 1922 BGB in seine Rechte eingetreten sind. Wenn der Erblasser von einem Alleinerben beerbt wurde, ist dieser als neuer Eigentümer in das Grundbuch einzutragen. Bei mehreren Erben sind diese namentlich unter Angabe die sie verbindenden Rechtsverhältnisses einzutragen, dh „in Erbengemeinschaft"; die Anteile der Erbteile werden nicht hinzugefügt (Demharter, GBO, § 47 RNr. 22). Den Antrag kann jeder Miterbe allein stellen (LG Saarbrücken, 5 T 75/07, Rechtspfleger 2007, 654). Wegen des öffentlichen Interesses an der Richtigkeit des Grundbuchs (OLG Hamm, 15 W 194/93, NJW-RR 1994, 271) sehen die §§ 82 bis 83 GBO einen Berichtigungszwang vor. Das GBA kann die neuen Eigentümer gem. § 35 FamFG verpflichten, innerhalb einer bestimmten Frist die Umschreibung im GB zu veranlassen; es kann gegen sie ein Zwangsgeld festsetzen, wenn es auf die Folgen der Unterlassung hingewiesen hat (OLG Naumburg, 12 Wx 42/12, FGPrax 2013, 158; OLG München, 34 Wx 128/09, NJW-RR 2010, 1603). Bei einer erforderlichen Eintragung der neuen Eigentümer von Amtswegen nach § 82a GBO werden nach Nr. 14111 KV-GNotKG „als Strafe" sogar zwei Gebühren erhoben. Dafür fallen für das Verfahren vor dem GBA oder dem NachlG keine weiteren Kosten an. Im Falle des § 82a GBO ist Kostenschuldner gem. § 23 Nr. 10 GNotKG der Eigentümer.

8

Nachlasspflegschaft, Nachlassverwaltung

Der Geschäftswert für eine Nachlassverwaltung oder eine Nachlasspflegschaft ist gem. § 64 I GNotKG der Wert des von der Verwaltung betroffenen Vermögens; ein Abzug von Schulden findet gem. § 38 GNotKG nicht statt. Wenn ein Gläubiger den Antrag auf Anordnung eines Nachlasspflegschaft oder -verwaltung stellt, beläuft sich der Geschäftswert gem. § 64 II GNotKG auf den Betrag seiner Forderung, höchstens jedoch auf den sich aus § 64 I GNotKG ergebenden Betrag. Die jährlich zu berechnenden Gebühren werden erstmals bei der Anordnung und später zu Beginn eines Kalenderjahres fällig. Im Fall der Ablehnung eines Antrags fällt eine 0.5-Gebühr nach 12310 KV-GNotKG an (Hartmann, KostG, RNr 3 zu VV 12310). Für den Geschäftswert für das Beschwerdeverfahren gegen die Entlassung des Nachlasspflegers hat das OLG Schleswig (3 Wx 12/14, NJW-RR 2014, 783) den für Testamentsvollstrecker geltenden § 65 GNotKG entsprechend angewandt. Beschränkt sich die Beschwerde auf die Auswahl des Nachlasspflegers, hat das OLG Bremen (5 W 38/14, ZEV 2015, 65) 1/3 des Nachlasswertes angenommen.

Pflichtteil

Der Pflichtteilsberechtigte kann vom Erben gem. §§ 2314, 2006, 260 II BGB die Abgabe der Eidesstattlichen Versicherung verlangen, dass er den Bestand des Nachlasses nach bestem Wissen so vollständig angegeben hat, als er dazu imstande war (OLG Zweibrücken, 2 U 23/68, FamRZ 1969, 230); die Kosten hat der Pflichtteilsberechtigte gem. § 261 II BGB zu tragen. Wenn der Pflichtige die Eidesstattliche Versicherung freiwillig abgibt, wird sie gem. § 410 FamFG vom Rechtspfleger des AG abgenommen.
Gem der Vorbem vor Nr. 12100 KV-GNotKG bestimmt sich die Gebühr für das Verfahren zur Abnahme der Eidesstattlichen Versicherung nach § 2006 BGB nach Hauptabteilung 5, Abschnitt 2; sie beträgt gem. Nr. 15212 KV-GNotKG eine halbe Gebühr (0.5), wobei der Geschäftswert gem. § 36 I GNotKG nach billigem Ermessen zu bestimmen ist. Es bietet sich an, den Wert in Anlehnung an die Rechtsprechung zur Stufenklage mit 1/4 des erwarteten Pflichtteilsanspruchs anzunehmen (zuletzt: OLG Rostock, 3 U 109/12, ZEV 2013, 457).
Für die Stundung des Pflichtteilsanspruchs wird eine 2.0-Gebühr erhoben (Nr. 12520 KV-GNotKG). Der Geschäftswert richtet sich nach dem zu schätzenden Interesse des Antragstellers an der Stundung, z. Bsp. dem Zinsvorteil - im Zweifel gem. § 36 GNotKG 5.000 Euro (Zimmermann, GNotKG, RNr. 263).

Testament

Bei der Annahme einer Verfügung von Todeswegen in amtliche Verwahrung werden mit der Gebühr die Verwahrung, die Mitteilung an das zentrale Testamentsregister (§ 347 FamFG) und die Herausgabe abgegolten. Wenn mehrere Verfügungen von Todeswegen wegen desselben Erblassers bei demselben Gericht gleichzeitig eröffnet werden, wird nur eine Gebühr erhoben. Bei der gleichzeiten Eröffnung der Testamente zweier Eheleute werden Kosten für jeden Erblasser erhoben.
Die Kosten für die Eröffnung von Verfügungen von Todeswegen werden gem. § 18 II GNotKG auch dann von dem nach § 343 FamFG zuständigen NachlG erhoben, wenn die Eröffnung bei einem anderen Gericht erfolgt ist (§ 344 VI FamFG). Die nach der KostO gegebene Möglichkeit, Kosten nachzuberechnen, weil der Hinterleger einen zu geringen Vermögenswert angegeben hat, gibt es nach GNotKG nicht mehr.

Testamentsvollstreckung

In einem Verfahren, das ein Zeugnis über die Ernennung eines Testamentsvollstreckers betrifft, beträgt der Geschäftswert gem. § 40 V GNotKG 20 Prozent des Nachlasswertes im Zeitpunkt des Erbfalls, wobei Nachlassverbindlichkeiten nicht abgezogen werden (OLG Bremen, 5 W 13/14, ZEV 2014, 507). Wenn nur ein Teil des Nachlasses der Testamentsvollstreckung unterliegt, ist gem. § 40 V, II GNotKG nur der entsprechende Bruchteil Geschäftswert.

Für das Verfahren über die Ernennung oder Entlassung eines Testamentsvollstreckers beträgt der Geschäftswert gem. § 65 GNotKG jeweils 10 % des Werts des Nachlasses; auch hier werden Nachlassverbindlichkeiten nicht abgezogen.

Schrifttum:
Schneider, Geschäftswert der Entlassung eines Testamentsvollstreckers auf Antrag eines Miterben, ErbR 2013, 281

5) Die Haftung für die Kosten

In Nachlasssachen kann das NachlG gem. §§ 81 ff FamFG durch Beschluss bestimmen, welcher Beteiligte die Gerichtskosten zu tragen hat; es kann sogar von der Er-hebung von Gerichtskosten absehen; im Beschwerdeverfahren z. Bsp. dann, wenn das Verfahren des NachlG an wesentlichen Mängeln leidet und bei ordnungsgemäßer Verfahrensführung das Beschwerdeverfahren nicht erforderlich gewesen wäre (OLG Naumburg, 2 Wx 41/12, FamRZ 2014, 2029). Wenn das NachlG die Kosten den Beteiligten ganz oder zum Teil auferlegt, hat es nach billigem Ermessen zu entscheiden. Diese Regelung geht nicht davon aus, dass die Nichterstattung der Kosten die Regel und die Kostenerstattung die Ausnahme darstellt, sondern knüpft die Kostenerstattung an das Ergebnis einer Billigkeitsabwägung (OLG Düsseldorf, I-3 Wx 11/13); FGPr 2011, 107): einzelne Billigkeitskriterien können sein: das Maß des Antragserfolgs (OLG Naumburg, 2 Wx 41/12, FamRZ 2014, 2029), die Antragsrücknahme sowie die Art der Verfahrensführung (OLG Düsseldorf, I-3 Wx 13/11, FGPr 2011, 107). Das Gericht soll gem. § 81 II FamFG die Kosten des Verfahrens ganz oder teilweise einem Beteiligten auferlegen, wenn er durch grobes Verschulden Anlass für das Verfahren gegeben hat, wenn sein Antrag von vornherein keine Aussicht auf Erfolg hatte, wenn er zu einer wesentlichen Tatsache unwahre Angaben gemacht und wenn er durch schuldhafte Verletzung seiner Mitwirkungspflichten das Verfahren erheblich verzögert hat. An diese Vorgaben hat sich auch das OLG München (31 Wx 68/12, ZEV 2012, 661) gehalten und einem Beteiligten die Kosten eines Gutachtens auferlegt, das seine Behauptung nicht bestätigt hat, das Testament des Erblasser sei von verschiedenen Personen geschrieben. § 81 FamFG wird nunmehr durch § 32 II GNotKG ergänzt; denn nach dieser Vorschrift fallen die Mehrkosten, die durch besondere Anträge eines Beteiligten entstanden sind, diesem allein zur Last. Wenn das NachlG keine Kostenentscheidung trifft, haften gem. § 24 GNotKG die Erben nach den Vorschriften des BGB über Nachlassverbindlichkeiten gem. §§ 1967 ff BGB mit der Möglichkeit der Haftungsbeschränkung nach §§ 1975 ff BGB.

Ob einzelne Kosten erstattungsfähig sind, wird im Verfahren der freiwilligen Gerichtsbarkeit im Kostenfestsetzungsverfahren entschieden (BayObLG, 3 ZBR 267/98, FG Prax 1999, 77). Anders als im Zivilprozess sind Anwaltskosten nicht immer zu erstatten, sondern nur bei einer gewissen Schwierigkeit (Zimmermann, GNotKG, RNr. 15).

Gegen den Kostenansatz des NachlG kann gem. § 81 I GNotKG Erinnerung eingelegt werden. Gegen die Entscheidung über die Erinnerung ist gem. § 81 II GNotKG die Beschwerde gegeben.

II Die dem Notar zustehenden Gebühren

Die dem Notar zustehenden Gebühren sind gem. § 125 GNotKG nicht verhandelbar. Der Notar ist sogar gem. § 17 I BNotO verpflichtet, die Gebühren auch tatsächlich zu erheben. Die Notarkosten schuldet gem. § 29 GNotKG, wer dem Notar den Auftrag erteilt oder den Antrag gestellt, wer die Kostenschuld übernommen hat oder für die Kostenschuld eines anderen kraft Gesetzes haftet. Der Notar hat gem. § 95 GNotKG einen Anspruch darauf, dass die Beteiligten zum Wert eines Geschäfts wahrheitsgemäße Angaben machen.

1) Das Kostenverzeichnis (KV-GNotKG)

Für die alphabetisch geordneten Geschäfte stehen dem Notar diese Gebühren zu:

Gebühren für notarielle Geschäfte			
Stichwort	**Art des Geschäfts**	**KV-Nr**	**Gebühr**
Anfechtung Testament	Erklärung, die gegenüber dem NachlG abzugeben ist	21201	0.5 mind 30 Euro
Antrag	an das NachlG (z. Bsp. Erbscheinsantrag) das Beurkundungsverfahren ist durch die Gebühr für die Eidesstattliche Versicherung nach Nr. 23300 abgegolten	21201	0.5 mind. 30 Euro
Aufgebot der Nachlassgläubiger	Beurkundung eines Antrags auf ein Aufgebot	21201	0.5 mind 30 Euro
Beglaubigung von Urkunden	z. Bsp. von Ablichtungen, Ausweisen usw. 1 Euro für jede angefangene Seite, mindestens 10 Euro	25102	mind. 10 Euro
Beglaubigung Unterschrift	ohne Entwurf	25100	0.2 mind. 20 bis 70 Euro
Beratung	- außerhalb eines Beurkundungsverfahrens - falls im Falle einer Beurkundung: Gebühr 1 - falls im Falle einer Beurkundung: Gebühr weniger als 1	24200 24201 24203	0.3 - 1.0 0.3 - 0.5 0.3
Beurkundung	Gebühr entsteht für die Vorbereitung und Durchführung der Beurkundung in Form einer Niederschrift Abschluss oder Annahme eines Vertrags; Errichtung eines gemeinschaftlichen Testaments	21200 21100	1.0 mind. 60 Euro 2.0 mind. 120 Euro
Eidesstattliche Versicherung	Verfahren zur Abnahme der Eidesstattlichen Versicherung	23300	1.0
Entwurf	Fertigung eines Entwurfs: wenn die Gebühr für das Beurkundungsverfahren - 2.0 betragen würde - 1.0 betragen würde - 0.5 betragen würde	 24100 24101 24102	 0.5 bis 2.0 mind. 120 Euro 0.3 bis 1.0 mind. 60 Euro 0.3 bis 0.5 mind. 30 Euro
Erbauseinander-	Verfahrensgebühr	23900	6.0

setzung	Beim Verweisung vor Eintritt in die Verhandlung wegen Unzuständigkeit an einen anderen Notar	23901	1.5 bis 100 Euro
	Das Verfahren wird nach Eintritt in die Verhandlung - ohne bestätigte Auseinandersetzung abgeschlossen - vereinbarungsgemäß an einen anderen Notar verwiesen	23902	3.0
Erbausschlagung	Erklärung, die gegenüber dem NachlG abzugeben ist	21201	0.5 mind 30 Euro
Erbscheinsantrag	Das Beurkundungsverfahren ist durch die Gebühr für die Eidesstattliche Versicherung nach Nr. 23300 abgegolten	21201	0.5 mind. 30 Euro
Erbvertrag	Beurkundung eines Erbvertrags	21100	2.0 mind 120 Euro
	Aufhebung eines Erbvertrags	21102	1.0 mind. 60 Euro
	Rücktritt vom Erbvertrag	21201	0.5 mind 30 Euro
Erbverzichtsvertrag		21100	2.0 mind 120 Euro
Erklärung	die gegenüber dem NachlG abzugeben ist (z. Bsp. Erbausschlagung, Anfechtung einer Verfügung von Todeswegen)	21201	0.5 mind 30 Euro
Grundbuch	Übermittlung eines Antrags an das Grundbuchamt	22124	20 Euro
Nachlassinventar	Vgl. Vermögensverzeichnis		
Pflichtteilsverzichts-vertrag		21100	2.0 mind 120 Euro
Testament	Einzeltestament	21100	1.0 mind 60 Euro
	Gemeinschaftliches Testament	21100	2.0 mind 120 Euro
Übermittlung	an Gericht, Behörde oder Dritten (nicht Vorsorgeregister)	22124	20 Euro
Umsatzsteuer	in voller Höhe	32014	19 %
Vermögensver-zeichnis	Verfahren über Aufnahme eines Vermögensverzeichnisses	23500	2.0
	Mitwirkung als Urkundsperson bei der Aufnahme	23502	1.0
Vollmacht	Erteilung oder Widerruf	21200	1.0
Widerruf	Letztwillige Verfügung	21201	0.5 mind 30 Euro

Außer den Gebühren hat der Notar Anspruch auf Ersatz seiner Auslagen. Die Dokumentenpauschale (Papier) (Nr. 32001 KV-GNotKG) beläuft sich auf 0.15 Euro je Seite (in Farbe auf 0.30 Euro je Seite) und die Kommunikationspauschale (Post- und Telekommunikation) (Nr. 32005 KV-GNotKG) auf 20 % der Gebühren, höchstens auf 20 Euro. Außerdem kann der Notar ggf eine Unzeitgebühr (Nr. 26000 KV-GNotKG), eine Auswärtsgebühr (Nr. 26002 KV-GNotKG) sowie ein Tage- und Abwesenheitsgeld verlangen, Reisekosten nur dann, wenn das Ziel der Reise außerhalb der Gemeinde liegt, in der er Notar seinen Amtssitz oder seine Wohnung hat (Nr. 32006 bis 32009 KV-GNotKG). Bei Rahmengebühren kann der Notar die Gebühr im Einzelfall gem. § 92 I GNotKG unter Berücksichtigung des Umfangs der erbrachten Leistung nach billigem Ermessen bestimmen.

Die Kostenberechnung des Notars muss den Vorgaben des § 19 GNotKG entsprechen; dh der Notar kann seine Gebühren nur aufgrund einer von ihm unterzeichneten Berechnung anfordern. Diese muss die Beträge der einzelnen Gebühren und Auslagen, Vorschüsse, eine Bezeichnung des Gebührentatbestands, die angewandten Nummern des Kostenverzeichnisses und bei Gebühren, die nach dem Gegenstands-wert berechnet sind, auch diesen angeben. Gem. § 7 a GNotKG muss sie von 2014 an eine Rechtsbehelfsbelehrung enthalten. Wenn ein Mandant die ihm vom Notar berechneten Gebühren für zu hoch hält, kann er sich bei ihm dagegen wenden. So-fern der Notar seine Gebührenrechnung nicht ändert, muss er den Vorgang dem LG zur Entscheidung vorlegen, in dessen Bezirk er seinen Amtssitz hat. Der Mandant kann gem. § 127 GNotKG eine Kostenbeschwerde unmittelbar beim LG anbringen, entweder schriftlich oder zu Protokoll der Geschäftsstelle; der Mitwirkung eines Rechtsanwalts bedarf es dabei nicht.

2) Die Pflichten des Notars

Der Notar hat für eine auftragsgerechte und zuverlässige Rechtsgestaltung zu sorgen (BGH, IX ZR 88/98, NJW-RR 2001, 204) und muss dabei den kostengünstigsten Weg wählen (OLG Naumburg, 3 Wx 37/10, ZEV 2012, 381). Der Notar ist nicht verpflichtet, über die Entstehung der gesetzlichen Notarkosten zu belehren; er muss auch nicht auf die gesamtschuldnerische Haftung mehrerer Veranlasser hinweisen (KG, 9 W 195/10, DNotZ 2012, 290). Verweigert ein Notar eine ihm obliegende Tätigkeit, kann gem. § 15 BNotO Beschwerde beim LG eingelegt werden. Im Beschwerde-verfahren bemisst sich die beim LG entstehende Verfahrensgebühr des Rechtsanwalts nach Nr. 3500 VV-RVG (BGH, V ZB 147/09, NJW 2010, 10). Zum Anspruch auf Herausgabe der Handakten des Notars: LG Ffm, 2-17 OH 01/14, NotBZ 2015, 117

3) Übersicht wichtiger Notargeschäfte

Aufgebot der Nachlassgläubiger
Aufgebotssachen sind gem. § 433 FamFG Verfahren, in denen das Gericht öffentlich zur Anmeldung von Ansprüchen oder Rechten auffordert, mit der Wirkung, dass die unterlassene Anmeldung einen Rechtsnachteil zur Folge hat. Der Notar erhält für die Beurkundung eines Antrags für ein Aufgebot eine 0.5 Gebühr, mindestens aber 30 Euro (Nr. 21201 KV-GNotKG). Der Gegenstandswert beträgt 15 % aller bekannt gewordenen Verbindlichkeiten, bei einem überschuldeten Nachlass nur 5 % (OLG Hamm, I-15 W 129/12, ZEV 2013, 263).

Schrifttum:
Hagen Schneider, Kosten in Aufgebotssachen, Anwaltsgebühren Spezial, 2010, 521

Beglaubigung von Unterschriften
Für die Beglaubigung einer Unterschrift steht dem Notar eine 0.2-Gebühr nach Nr. 25100 KV-GNotKG zu; mindestens kann er 20 Euro berechnen, höchstens aber 70 Euro.

Beispiel: Kosten für eine Unterschriftsbeglaubigung
[Der Vollmachtgeber verfügt über ein Aktivvermögen von 250.000 Euro]

Patientenverfügung (Geschäftswert §§ 97, 36 II GNotKG)	5.000 Euro	
Vorsorgevollmacht (Geschäftswert § 98 GNotKG = 50 %)	125.000 Euro	
Geschäftswert Beglaubigung (KV 25100: 0.2)	130.000 Euro	65.40 Euro
Dokumentenpauschale (KV 32001 = 10 Blatt)		01.50 Euro
Auslagenpauschale (KV 32005 = Post und Telekommunikation) 20 %		13.08 Euro
Zwischensumme		79.98 Euro
19 % Umsatzsteuer (KV 32014)		15.19 Euro
Registrierung im Zentralen Vorsorgeregister (KV 32015)		13.00 Euro
Rechnungsbetrag		**108.17 Euro**

13

Beratung

Dem Notar steht für eine Beratung keine Gebühr zu, sofern eine Beurkundung stattfindet; denn die Gebühr für die Beurkundung gilt die Beratung mit ab. Die Beratungsgebühr nach Nr. 24200 KV-GNotKG setzt eine Beratung durch den Notar außerhalb einer Beurkundung voraus, die über eine allgemeine Information hinausgeht (LG Bonn, 6 OH 07/14, NotBZ 2015, 113). Der Wert einer Beratung außerhalb einer Beurkundung richtet sich nach §§ 36 ff GNotKG, dh sie wird vom Notar nach billigem Ermessen festgesetzt.

Beurkundung

Die Gebühr für eine Beurkundung, z. Bsp. einer Erbausschlagung, entsteht für die Vorbereitung und Durchführung der Beurkundung in Form einer Niederschrift, einschließlich der Beschaffung der Information; unerheblich ist, ob die Erklärung von einer oder mehreren Personen abgegeben wird (Nr. 21100, 21200 KV-GNotKG).

Eidesstattliche Versicherung

Bei der Abnahme der eidesstattlichen Versicherung zur Erlangung eines Erbscheins ist gem. § 40 I GNotKG der Geschäftswert der Wert des Nachlasses im Zeitpunkt des Erbfalls; davon werden die vom Erblasser stammenden Verbindlichkeiten abgezogen. Das Beurkundungsverfahren ist durch die Gebühr für die Eidesstattliche Versicherung nach Nr. 23300 KV-GNotKG abgegolten

Ehevertrag

Geschäftswert: OLG Hamm, I-15 W 237/12, ZErb 2014, 84

Entwurf

Bei der Fertigung eines Entwurfs außerhalb eines Beurkundungsverfahrens (= isolierter Entwurf) bestimmt sich der Geschäftswert gem. § 119 GNotKG nach den für die Beurkundung geltenden Vorschriften. Bei den Gebühren für die Fertigung eines Entwurfs ist gem. § 92 II GNotKG für die vollständige Erstellung des Entwurfs die Höchstgebühr zu erheben. Die Kosten für einen isolierten Entwurf entstehen auch dann, wenn ihn der Notar einem Formularbuch oder dem Internet entnimmt. Ein gebührenpflichtiger Entwurf liegt auch vor, wenn ihn der Mandant selbst mitbringt und ihn der Notar lediglich prüft, ändert oder ergänzt (Vorbem. 2.4.1 Abs. 3 KV-GNotKG); auch das Durchlesen ist eine Überprüfung.

Erbauseinandersetzung

Geschäftswert in Teilungssachen ist gem. § 118 a GNotKG der Wert des den Gegenstand der Auseinandersetzung bildenden Nachlasses. Die Kosten der Auseinandersetzung schulden gem. § 23 Nr. 4 GNotKG die Anteilsberechtigten als Gesamtschuldner; daneben haftet für sie der Antragsteller gem. §§ 22 I GNotKG, 363 FamFG.

Erbausschlagung

Eine Erbausschlagung muss gem. § 1945 BGB zu Protokoll des NachlG erklärt werden. Wenn ein Notar die Erklärung aufnimmt, muss er die Unterschrift des Erklärenden beglaubigen. Geschäftswert ist der Wert des betroffenen Vermögens oder des betroffenen Bruchteils nach Abzug der Verbindlichkeiten.

Erbscheinsantrag
Bei einem Erbscheinsantrag hat der Notar „nur" Anspruch auf die Gebühr für die eidesstattliche Versicherung (Nr. 23300 KV-GNotKG). Gem. Nr. 21201 KV-GNotKG ist das Beurkundungsverfahren durch die Gebühr nach Nr. 23300 KV-GNotKG abgegolten. Deshalb ist es zweckmäßig, beim Notar zugleich die Eidesstattliche Versicherung nach § 2356 BGB abzugeben; denn dann fällt nur eine (1.0) Gebühr nach Nr. 23300 KV-GNotKG an, die zugleich die Gebühr für das Erbscheinsverfahren abdeckt (KV-GNOtKG Vorbemerkung 2.3.3(2). Für die Beurkundung eines inhaltlich aussichtslosen Antrags auf einen Erbschein entsteht keine Notargebühr (OLG Hamm I-15 W 289/12, FGPrax 2013, 183: hier Antrag bei einem deutschen NachlG für einen Erbschein für ein auf Teneriffa gelegenen Grundstücks).

Erbvertrag
Bei der Errichtung eines Erbvertrags ist der Wert des betroffenen Vermögens maßgeblich. Hier sind bestehende Verbindlichkeiten vom Wert des vorhandenen Aktivvermögens abzuziehen. Werden Erbvertrag und -verzicht auf das Pflichtteilsrecht zusammen beurkundet, sind die Gebühren zu erheben, wie wenn getrennte Urkunden aufgenommen werden (OLG Karlsruhe, 14 Wx 92/00, ZEV 2003, 83). Bei einem gleichzeitigen Ehe- und Erbvertrag werden die jeweiligen Geschäftswerte zusammengezählt (Zimmermann, GNotKG, RNr. 403a). Keine Eröffnung des Erbvertrags gegenüber Erbvertragsschlusserben: OLG Zweibrücken, 4 W 37/10, FGPrax 2010, 245.

Erbverzichtsvertrag
§ 102 IV GNotKG enthält die Regelung zur Bewertung von Erb- und Pflichtteilsverzichten. Durch den Verweis auf § 102 I Satz 2 GNotKG wird klargestellt, dass ein Abzug von Verbindlichkeiten vom Vermögen des Erblassers nur bis zur Hälfte erfolgt. Maßgebend sind die Wertverhältnisse im Zeitpunkt des Verzichts. Ein Bruchteil von diesem Wert, der der Erb- oder Pflichtteilsquote entspricht, ist als Geschäftswert maßgebend. Hiervon sind keine Abschläge vorzunehmen (Diehn-Sikora-Tiedtke, Das neue Notarkostenrecht, 2013, RNr. 714).

Grundbuch
Gem. § 15 GBO ist der Notar ermächtigt, im Namen eines Antragsberechtigten die Eintragung zu beantragen, wenn er die dafür erforderliche Erklärung beurkundet oder die dortige Unterschrift beglaubigt hat. Nach § 147 IV Nr. 2 KostO erhielt der Notar für die Stellung eines Eintragungsantrags keine Gebühr (Demharter, GBO, § 15 RNr. 23). Für die Übermittlung eines Vollzugsantrags an das GBA erhält der Notar jetzt eine Gebühr von 20 Euro (Nr. 22124 KV-GNotKG) (Bös, RENOpraxis 2013, 123).

> **Hinweis:**
> Wenn ein Mitglied einer Erbengemeinschaft durch eine formfrei mögliche Abschichtung aus der Erbengemeinschaft ausscheidet und ein zum Nachlass gehörendes Grundstück auf einen oder mehrere Miterben übertragen wird, genügt für die Berichtigung des Grundbuchs, wenn die Unterschrift des aus -scheidenden Miterben amtlich beglaubigt wird; eine wesentlich teurere notarielle Beurkundung des Vertrags ist nicht erforderlich.

Mediation
Das Gesetz zur Förderung der Mediation (BGBl 2012, 1577) regelt die Verfahren der außergerichtlichen Streitbeilegung, das langwierige Gerichtsverfahren vermeiden soll. Bei der Mediation suchen die Streitenden mit Hilfe eines unabhängigen Dritten nach einer außergerichtlichen Lösung. Die Bezeichnung Mediator ist außergerichtlichen Streitschlichtern vorbehalten. Für die Gebühren des Notars lässt § 126 GNotKG zu, dass der Notar durch einen, der Schriftform bedürfenden öffentlich-rechtlichen Vertrag mit seinem Mandaten ein Honorar vereinbart, das angemessen sein muss.

Nachlassinventar (= Nachlassverzeichnis)
vgl Vermögensverzeichnis

Patientenverfügung
Für die Beurkundung einer Patientenverfügung erhält der Notar eine Gebühr (Nr. 21200 KV-GNotKG). Eine Patientenverfügung ist keine vermögensrechtliche Angelegenheit, denn das Interesse des Erklärenden wird nicht durch den Wert seines Vermögens, sondern durch seinen ideellen Wunsch bestimmt, in Würde sterben zu können (OLG Hamm, 15 W 146/05, FamRZ 2006, 722; OLG Frankfurt, 20 W 423 /00, RenoR 2001, 219; LG Arnsberg, 2 T 32/04, NJW-RR 2005, 942). Da bei der Patientenverfügung keine geeigneten Anhaltspunkte für die Bestimmung des Geschäftswertes vorhanden sind, ist gem. § 36 III GNotKG vom Auffang- oder Regelwert von 5.000 Euro auszugehen.

Pflichtteilsverzichtsvertrag

§ 102 IV GNotKG enthält die Regelung zur Bewertung von Erb- und Pflichtteilsverzichten. Durch den Verweis auf § 102 I Satz 2 GNotKG wird klargestellt, dass ein Abzug von Verbindlichkeiten vom Vermögen des Erblassers nur bis zur Hälfte erfolgt. Maßgebend sind die Wertverhältnisse im Zeitpunkt des Verzichts. Ein Bruchteil von diesem Wert, der der Erb- oder Pflichtteilsquote entspricht, ist als Geschäftswert maßgebend. Hiervon sind keine Abschläge vorzunehmen (Diehn-Sikora-Tiedtke, Das neue Notarkostenrecht, 2013, RNr. 714).

Testament

Der Notar muss bei der Errichtung eines Testaments den Willen der Erblasser sorgfältig ermitteln (Bay ObLG, 1 ZBR 157/95, ZEV 1996, 191). Der Notar kann im Rahmen betreuender Tätigkeit im Sinne § 24 I BNotO verpflichtet sein, einen Rechtssuchenden vor der Entstehung von Gebühren für die Beurkundung eines Testaments darauf hinzuweisen, dass ein Testament auch privatschriftlich errichtet werden kann (OLG Naumburg, 2 Wx 37/10, ZEV 2012, 381). Der Notar macht sich schadensersatz-pflichtig, wenn er bei der Errichtung eines Einzeltestaments ein gemeinschaftliches Testament über-sieht und dessen Widerruf unterlässt (OLG Rostock, 5 U 139/08, ZEV 2009, 569); es gehört zu den grundlegenden Pflichten des Notars, eine mögliche Einschränkung der Testierfreiheit durch vorangegangene letztwillige Verfügungen in einem gemeinschaftlichen Testament zu überprüfen (OLG Hamm, 11 U 05/09, FamRZ 2010, 1851).

Bei einem gemeinschaftlichen Testament werden die Vermögen beider Ehegatten zum Zeitpunkt der Testamentserrichtung - berechnet nach § 109 GNotKG - zusammengezählt.

Übermittlung

an Gericht, Behörde oder Dritten (Nr. 22124 KV-GNotKG). Die Datenübermittlung an das Vorsorge-register der BNotK ist notargebührenfrei, sofern eine Beurkundung stattgefunden hat. Die von der BNotK geforderten Gebühren (vgl. ihre Satzung DNotZ 2005, 81; DNotZ 2006, 02) muss der Vollmacht-geber selbst zahlen, bzw. dem Notar erstatten.

Vermögensverzeichnis

Ein Pflichtteilsberechtigter kann gem. § 2314 BGB vom Erben die Aufnahme eines notariellen Nachlassinventars auf Kosten des Nachlasses verlangen. Der Notar darf die Aufnahme gem. § 15 BNotO nicht wegen der geringen Vergütung bei einem kleinen Nachlass ablehnen (LG Schwerin, 4 T 03/12, ZEV 2012, 425). Der Notar muss die Vermögensgegenstände selbst feststellen und in einer berichtenden Urkunde niederlegen (BGH, V ZR 124/59, NJW 1961, 602 = BGHZ 33, 373; OLG Saarbrücken, 5 W 81/10, ZEV 2010, 416). Dazu muss er eigene Ermittlungen anstellen, ggf. unter Einschaltung von Hilfspersonen. Regelmäßig gehört dazu die Besichtigung der Wohnung des Erblassers, die Aufzeichnung der dort vorgefundenen Gegenstände, die Durchsicht von Unterlagen nach vorhanden-en Bankkonten, Verbindlichkeiten, Versicherungen und Grundbesitz. In Betracht kommt auch eine Anfrage bei den Banken vor Ort oder dem zuständigen GBA. Bezüglich der Steuern sind die Steuer-bescheide sinnvoll; sofern sich daraus keine Guthaben ergeben, sind weitere Ermittlungen entbehrlich. Bezüglich von Sachwerten z. Bsp. eines PKWs, ist der Kaufvertrag vorzulegen und ein für den Todestag angenommener Wert anzugeben (OLG Saarbrücken, 5 W 312/10, ZEV 2011, 373). Der Notar muss das Verzeichnis unterzeichnen und damit zum Ausdruck bringen, dass er für den Inhalt verantwortlich ist (OLG Celle, 6 W 59/03, ZErb 2003, 382; LG Aurich, 5 O 367/04, ZEV 2006, 80). Neben der 2.0 Gebühr (Nr. 23500 KV-GNotKG) kann der Notar keine Auswärtsgebühr verlangen, wohl aber Fahrtkosten (sofern das Reiseziel außerhalb der Gemeinde liegt, in der er seine Kanzlei bzw. seine Wohnung hat: Nr. 32007 KV-GNotKG) sowie ein Tage- und Abwesenheitsgeld (Nr. 32008 KV-GNotKG). Der Geschäftswert für die Aufnahme von Vermögensverzeichnissen ist gem. § 115 GNotKG der Wert der verzeichneten Gegenstände.

Vollmacht

Während die bis zum 31.07.2013 geltende KostO für die Beurkundung von Vollmachten nur eine halbe Gebühr vorsah, hat das GNotKG (Nr. 21200 KV) den Gebührensatz auf 1.0 erhöht; dafür ermäßigt sich der Geschäftswert. Gem. § 98 III GNotKG ist der Geschäftswert einer allgemeinen Vollmacht nach billigem Ermessen zu bestimmen, wobei der Umfang der erteilten Vollmacht und das Vermögen des Vollmachtgebers angemessen zu berücksichtigen sind. Der zu bestimmende Geschäfts-wert darf die Hälfte des Vermögens des Auftraggebers nicht übersteigen. Bei der Ermittlung des Geschäftswertes werden gem. § 38 GNotKG die auf einer Sache oder einem Recht lastenden Verbindlichkeiten nicht angerechnet; dh der Gebührenberechnung wird nur das Aktivvermögen des Vollmachtgebers zu Grunde gelegt. Bereits unter der Geltung der KostO waren die OLG Frankfurt (20 W 397/04, FamRZ 2007, 1182) und Oldenburg (3 W 31/05, FamRZ 2006, 499) bei der Bewertung einer Vorsorgevollmacht der Ansicht, maßgeblich sei der volle Wert der Aktiva des Vollmachtgebers, wenn eine im Außenverhältnis unbeschränkte Generalvollmacht erteilt wird. Bis heute ist es höchstrichterlich nicht geklärt, ob dann ein Abschlag vom Geschäftswert zu machen ist, wenn die einer Patientenverfügung beigegebene Vorsorgevollmacht nur für den Fall der Betreuungsbedürftigkeit des Vollmacht-gebers in Kraft treten soll oder wenn sie nur dem Vollmachtgeber überlassen wird. Das LG Paderborn (03.11.2009, 3 T 05/09) hat einen Abschlag mit der Begründung abgelehnt, für den Wert komme es bei der Urkundstätigkeit des Notars nicht darauf an, was der Bevollmächtigte tun soll, sondern darauf, was dieser aufgrund der Vollmacht tun kann. Zu diesem Ergebnis kommen auch Diehn-Sikora-Tiedtke (Das neue Notarkostenrecht, 2013, RNr. 845) mit der Begründung, ein Abschlag wirke sich künftig aufgrund der Geschäftswertbegrenzung auf die Hälfte des Vermögens des Vollmachtgebers (Höchst-wert) nicht mehr aus.

Da sowohl für die Patientenverfügung und die Vorsorgevollmacht der Gebührensatz 1.0 beträgt, sind deren Werte gem. § 35 I GNotKG für die Gebührenberechnung des Notars zusammenzuzählen.

**Beispiel: Kosten für die Beurkundung
einer Patientenverfügung nebst Vorsorgevollmacht**

[Der Vollmachtgeber verfügt über ein Aktivvermögen von 250.000 Euro]

Patientenverfügung (Geschäftswert §§ 97, 36 II GNotKG)	5.000 Euro	
Vorsorgevollmacht (Geschäftswert § 98 GNotKG = 50 %)	125.000 Euro	
Geschäftswert Beurkundung (KV 21200: 1.0)	130.000 Euro	327.00 Euro
Dokumentenpauschale (KV 32001 = 10 Blatt)		01.50 Euro
Auslagenpauschale (KV 32005 = Post und Telekommunikation = 20 %)		13.08 Euro
Zwischensumme		341.58 Euro
19 % Umsatzsteuer (KV 32014)		64.90 Euro
Registrierung im Zentralen Vorsorgeregister (KV 32015)		13.00 Euro
Rechnungsbetrag		**419.48 Euro**

Schrifttum

Hartmann, Kostengesetze, 45. Auflage, 2015;
Bormann-Diehn-Sommerfeldt, GNotKG, 2014;
Fackelmann-Heinemann, GNotKG, 2013,
Renner-Otto-Heinze, Leipziger Gerichts- & Notarkosten -Kommentar 2013;
Zimmermann, GNotKG, 2013;
Diehn-Sikora-Tiedtke, Das neue Notarkosten-recht, 2013;
Sikora, Das GNotKG in der notariellen Praxis, MittBayN 2013, 349 + 446;
Giers, Die Reform der Prozesskosten-, Verfahrenskosten- und Beratungshilfe, FamRZ 2013, 1341;
Kroiß, Die Gerichts-kosten in Nachlasssachen nach dem neuen GNotKG, ZEV 2013, 413;
Kuhn-Trappe, Die Kosten im Erbscheinsverfahren nach Inkrafttreten des FamFG und des 2.
KostRMoG, ZEV 2013, 419;
Bormann, Notarkosten im Erbrecht, ZEV 2013, 425; Wilsch, Verfahrenskosten nach dem GNotKG an der Schnittstelle von Grundbuch- und Nachlassrecht, ZEV 2013, 428;
Sikora-Tiedtke, Grundlegende Änderungen durch das GNotKG, NJW 2013, 2310;
Reimann, Das 2. Gesetz zur Modernisierung des Kostenrechts und die Neuordnung der Notarkosten, FamRZ 2013, 1257;
Zimmermann, Die Gerichtskosten in Betreuungs- und Nachlasssachen im neuen GNotKG, FamRZ 2013, 1264;
Wudy, Die Novellierung des Notarkostenrechts - ein Überblick, AnwBl 2013, 305;
Diehn, Das neue Notarkostenrecht im GNotKG, DNotZ 2013, 406;
Zempel, Regierungsentwurf eines Gesetzes zur Änderung des Prozesskostenhilfe- und Beratungshilferechts, FPR 2013, 265;
Wilsch, Neuregelung des Kostenrechts aus amtsgerichtlicher Sicht, FGPr. 2013, 47

N a c h w o r t

Die vorstehenden Hinweise sind nach bestem Wissen bearbeitet. Wie bei allen Arbeiten sind Fehler nicht auszuschließen, zumal die zahlreichen Gesetzesänderungen und die Rechtsprechung und Literatur kaum noch zu übersehen sind. Für mögliche Unrichtigkeiten kann keine Haftung übernommen werden. Anregungen und Vorschläge für Verbesserungen sind willkommen.